ESPAGNE

CHANGES ET ARBITRAGES DE FONDS ESPAGNOLS

VADE-MECUM

INDISPENSABLE

AUX EMPLOYÉS DE BANQUE, DE BOURSE ET D'AGENTS DE CHANGE

TABLEAUX

DE CALCULS TOUT FAITS SUR L'INTÉRIEUR ET L'EXTÉRIEUR

REPORTS

SUR LES FONDS ESPAGNOLS ET LES DOLLARS AMÉRICAINS

PAR

SAUVEUR IRIGUEN

EMPLOYÉ DE BANQUE

Prix : 2 francs

PARIS

CHEZ L'AUTEUR, 12, RUE SAINTE-MARIE-CLIGNANCOURT

Et chez tous les libraires

1869

ESPAGNE

CHANGES ET ARBITRAGES DE FONDS ESPAGNOLS

VADE-MECUM

INDISPENSABLE

AUX EMPLOYÉS DE BANQUE, DE BOURSE ET D'AGENTS DE CHANGE

TABLEAUX

DE CALCULS TOUT FAITS SUR L'INTÉRIEUR ET L'EXTÉRIEUR

REPORTS

SUR LES FONDS ESPAGNOLS ET LES DOLLARS AMÉRICAINS

PAR

SAUVEUR IRIGUEN

EMPLOYÉ DE BANQUE

Prix : 2 francs

PARIS

CHEZ L'AUTEUR, 12, RUE SAINTE-MARIE-CLIGNANCOURT

Et chez tous les libraires

1869

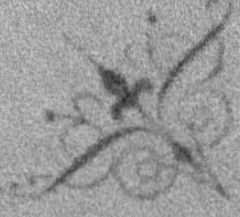

ESPAGNE

CHANGES ET ARBITRAGES DE FONDS ESPAGNOLS

VADE-MECUM

INDISPENSABLE

AUX EMPLOYÉS DE BANQUE, DE BOURSE ET D'AGENTS DE CHANGE

TABLEAUX

DE CALCULS TOUT FAITS SUR L'INTÉRIEUR ET L'EXTÉRIEUR

REPORTS

SUR LES FONDS ESPAGNOLS ET LES DOLLARS AMÉRICAINS

PAR

SAUVEUR IRIGUEN

EMPLOYÉ DE BANQUE

Prix : 2 francs

PARIS

CHEZ L'AUTEUR, 12, RUE SAINTE-MARIE-CLIGNANCOURT

Et chez tous les Libraires

1869

PRÉFACE

Après Nelkenbrecher, Hippolyte Vannier et tant d'autres, qui ont savamment traité la question des changes, il semble que ce soit une superfluité de venir parler au public des mêmes choses. En effet, il y aurait de la présomption si ce travail n'avait pas pour but unique de combler une lacune des plus regrettables. Tout jusqu'à ce jour est expliqué scientifiquement, mais d'une manière tellement aride, que le débutant se trouve, dès le principe, arrêté par les difficultés qui entourent les formules.

Il s'agit donc de faire connaître un moyen compréhensible et à la portée de tout le monde, pour faire toute espèce d'opérations de change et d'arbitrage.

La pratique, à côté de la théorie, est la seule chose qu'il faille pour établir vite et bien tout calcul qui, parfois, repose sur des centimes, et, appliqué à une somme importante, représente souvent une différence énorme.

Je vais donc indiquer la marche à suivre et que l'on suit journellement dans les maisons de banque.

Ce qui manquait également et qu'il est indispensable de connaître, aujourd'hui qu'il se traite de grandes affaires en fonds espagnols, c'est l'indication d'un mode simple et expéditif de ramener aux prix de Paris les cours de Madrid, de Barcelone, de Londres et d'Amsterdam, avec la manière de faire les calculs dans chacune de ces villes.

A la fin de cette brochure, je donne un tableau de calculs tout faits qui pourront servir de contrôle dans les moments de grand travail, comme aux approches des liquidations.

On y trouvera la manière de calculer l'Intérieure et l'Extérieure, en Espagne, en France, en Angleterre et en Hollande. Très-peu de jours suffiront aux employés pour faire couramment tous ces calculs et même ceux d'arbitrages.

Dans quelques endroits, je fais les opérations *en détail*, pour que ceux qui ne sont pas tout à fait rompus à ces choses comprennent, *vite* et *sans effort*, la marche que l'on suit ordinairement.

Savoir réduire les piastres de l'Intérieur et de l'Extérieur en francs, à un cours donné, est assez facile et le moyen en est connu par la plupart ; mais savoir ce que vaut à Paris le cours d'*Amsterdam*, de *Londres* ou de *Madrid*, à un change quelconque, est chose assez rare et pourtant indispensable à l'époque où nous sommes.

Ce travail sera fait ici avec clarté et très-simplement, de sorte que tout le monde pourra connaître la clef des arbitrages qui se font chaque jour sur une grande échelle.

Le même jour, on achète à Paris pour vendre à Londres, à Amsterdam ou à Madrid, ou réciproquement.

Il faut donc savoir combiner les changes du jour avec les cours des fonds espagnols.

C'est le but que je me suis proposé, et je crois rendre un vrai service aux jeunes gens qui se destinent aux affaires en les mettant à même d'apprendre, en peu de jours, ce qui, jusqu'à présent, a demandé des années de travail et d'expérience.

SAUVEUR IRIGUEN.

Monsieur BOUFFARD, ✻

PRÉSIDENT DE LA SOCIÉTÉ DES COMPTABLES.

Monsieur,

Depuis vingt-cinq ans que je suis à la Banque, je me suis aperçu que très-peu de jeunes gens connaissent à fond les calculs des changes et surtout des arbitrages de banque.

Ce défaut de connaissance provient de ce que les livres qui traitent de ces matières sont faits par des hommes très-compétents, c'est vrai, mais peu pratiques, et ayant présenté les choses avec des formules algébriques hérissées de difficultés. On est rebuté après un quart d'heure d'examen, et on ne s'en occupe plus.

J'ai donc cru rendre un grand service à la jeunesse en lui indiquant la manière dont se font aujourd'hui tous les calculs de banque, les arbitrages entre plusieurs pays ; tout cela est terre à terre, on ne peut plus pratique et rendu attrayant par l'absence d'aridité.

Avec quelques jours d'étude, on peut devenir apte à exercer un bon emploi. Mon intention est donc de venir en aide à tous les membres de notre association.

Comme Président de notre Société, vous vous êtes voué, depuis nombre d'années, à l'amélioration de tout ce qui peut contribuer au bien-être de vos pupilles ; c'est donc à vous que j'ai l'honneur de dédier mon petit ouvrage, heureux s'il mérite votre approbation et la sanction de vos lumières.

Veuillez agréer, Monsieur le Président, l'assurance de mon respect et l'expression de mes sentiments distingués.

Sauveur IRIGUEN.

L'Espagne, qui pendant si longtemps a été considérée comme un pays arriéré, a rompu avec les anciens préjugés, et depuis quelques années adopté le système décimal.

(Plût à Dieu que l'Angleterre voulût en faire autant!)

La PIASTRE FORTE, qui vaut 20 réaux, ou 2 écus (escudos), ou, au pair, $5^{f},26^{c},^{315}$, se subdivise en *millièmes de piastre*.

L'ÉCU (ou ESCUDO), qui vaut 10 réaux, se subdivise en *millièmes d'écu*.

Le RÉAL DE VEILLON se subdivise en *centièmes de réal*.

Toute traite tirée en *francs* sur l'Espagne doit être, à moins de stipulation, payable au change du premier endosseur, convertie invariablement au pair, soit à 19 *réaux* pour 5 francs.

Manière de convertir les francs en réaux au pair.

19 réaux égalant 5 francs, 38 réaux équivaudront à 10 francs. On multiplie les francs par 38 réaux et on divise par 10.

$$1000^{f} \times 38 = 38000 \div 10 = 3800 \text{ réaux.}$$

Pour diviser par 10, on sait qu'il n'y a qu'à retrancher le dernier chiffre.

Manière de convertir les francs en réaux à un change quelconque.

Soit 1000 francs à réduire au change de $5^{f}.10^{c}$ la $ (ou piastre) ou les 20 réaux.

FORMULE.

$$5.10 : 20^{r} :: 1000^{f} : x = \text{réaux } 3921.57.$$

On multiplie les francs par 20 réaux et on divise par le change.

Manière de convertir les réaux en francs à un change quelconque.

Soit 4000 réaux à réduire au change de 5f,20 la piastre.

FORMULE.

$$20^r : 5^f.20 :: 4000^r : x = \text{francs } 1040.$$

On multiplie les réaux par le change et on divise par 20 réaux.

Par abréviation, diviser un chiffre quelconque par 20, c'est prendre la moitié de la somme et retrancher le dernier chiffre.

20800	20		
80	1040	ou	20800
000			1040,0 la moitié moins le dernier chiffre.

Les deux précédentes opérations ne sont faites que pour les personnes qui ne connaissent pas les premiers principes de conversion.

En les étudiant attentivement, elles suffisent pour apprendre à réduire les francs { en réaux ou en écus } et les { réaux ou les écus } en francs.

Nous allons donc nous occuper d'opérations d'un ordre plus élevé.

Manière de connaître le rendement de la piastre lorsqu'on reçoit à Paris une remise sur Londres.

La piastre valant à Cadix $49^{d}.50$ (ceci signifie 49 deniers sterling 50 centièmes), à 3 mois, et la livre sterling à Paris, $25^{f},20^{c}$ moins 2 % l'an et courtage, à quel prix ressort la piastre?

Voici la manière la plus expéditive pour en connaître le résultat :

Le courtage de 1/8 % sur la £ équivaut à $0^{f}.03^{c}$ et une petite fraction; donc $25^{f}.17 = 25^{f}.20^{c}$ moins le courtage.

RÈGLE DE TROIS.

$$240^{d} : 49^{d},50 :: 25^{f}.17^{c} : x \ (= 5^{f}.17^{c}.^{05} \text{ la } \$).$$

De ces $5^{f}.17^{c}.^{05}$ il y a déduire :

D'abord

$03^{c}.^{87}$	$0^{f}.02^{c}.^{58}$ pour escompte 2 % l'an pendant 3 mois, ou, ce qui revient au même, 1/2 %.
	Puis
	$0^{f}.01^{c}.^{29}$ pour la commission de 1/4 % à Cadix.
Net $5^{f}.13^{c}.^{18}$	

Donc la piastre à $49^{d}.50$ produira net $5^{f}.13^{c}.^{18}$.

Un banquier fait toujours ce calcul, pour savoir ce que lui produisent les retours et pouvoir dire à son correspondant de continuer ses remises dans les mêmes conditions ou de les cesser.

Pour calculer un escompte ou un intérêt, il y a un moyen fort simple et qui économise du temps; car, si le temps est précieux partout, il l'est surtout en banque.

Ce moyen, le voici :

2 % par an = 2/12 ou 1/6 par mois, soit 3/6 pour 3 mois, ou 1/2 %.
3 % » = 3/12 ou 1/4 % par mois, soit 3/4 % pour 3 mois.
4 % » = 4/12 ou 1/3 % par mois, soit 1 % pour 3 mois.
5 % » = 5/12 par mois, soit 15/12 ou 1 1/4 % pour 3 mois.
6 % » = 6/12 ou 1/2 % par mois, soit 1 1/2 % p. 3 mois.
1/2 % » = 1/24 par mois, soit 3/24 ou 1/8 % pour 3 mois.

Avec ces données, il est facile de trouver tout de suite le résultat demandé.

Mais, dira-t-on, tous les effets ne sont pas à 3, à 2 ou à 1 mois; il y en a qui ont 80, 50, 45, 25, 15 jours à courir, et alors il faut recourir aux moyens usités.

Pardon! le mode ci-dessus peut s'appliquer presque toujours.

Ainsi, supposons un effet de 520f ayant 45 jours à courir.

Quel en est l'escompte à 2 % l'an?

Par les moyens ordinaires, il faut multiplier 520f par 45 jours et diviser le nombre trouvé par 18000, ce qui est déjà assez long, surtout s'il y a plusieurs arbitrages à faire. Le résultat en sera **1f.30.**

En employant le mode d'abréviation, voici tout simplement ce qu'il y aura à faire :

Pour 30 jours, 2 % l'an = 1/6 %, soit sur 520f = 0.86.[6]
Pour 15 j. je prends la 1/2 du produit des 30 j., soit = 0.43.[3]

Même résultat, francs. . . . . 1.30.[0]

Avec un peu d'exercice, on peut faire ces calculs de tête.

Du reste, si cette publication a du succès, je ferai une autre livraison pour enseigner la manière de faire tous les calculs de tête et avec facilité.

C'est au public à voir si ceci peut l'intéresser.

Manière de réduire les livres sterling en réaux de veillon.

Soit 3000 livres à réduire en réaux de veillon au change de 49 deniers pour une piastre de 20 réaux.

FORMULE.

$$x = 3000\ £$$
$$1\ £ = 240^{d}$$
$$49^{d} = 20^{r}.$$

Résultat : 302040.81 réaux de veillon.

Il n'y a qu'à multiplier 3000 livres par 240 deniers, leur produit par 20 réaux de veillon et diviser ce dernier produit par 49 deniers.

```
  240ᵈ
   3000
 ------
 740000
     20
 -------
14800000 | 49
  100    |----------
   200   | 302040,81
    400
     80
     31
```

Manière de réduire les réaux de veillon en livres sterling.

Soit 10000 réaux à réduire en livres sterling au change de $49^d.50$ pour une piastre de 20 réaux.

FORMULE.

$$x = 10000^r$$
$$20^r = 49^d.50$$
$$240^d = 1\ £$$

Résultat : $103^l.2^s.6^d$.

Il faut multiplier 10000 réaux de veillon par $49^d.50$, ce qui donne 495000,00.

Puis, multiplier 240 réaux par 20, ce qui donne 4800.
Enfin, diviser 495000,00 par 4800.

```
 49.50            240
    10000           20
 ---------        -----
 495000,00      | 4800
  15000         |____________
    600            103.2.5, presque 6 deniers.
     20
  ------
  12000
   2400
     12
  ------
   4800
  2400
  ------
  28400
   4400
```

TABLEAU

Synoptique des changes du Portugal, de l'Espagne et de l'Angleterre pour connaitre à Paris les prix des retours.

Calculs tout établis pour les prix de revient.

PRIX d'Espagne sur Londres à 3 mois.	CHANGE de Paris sur Londres à 3 mois.	PRIX de revient de la piastre à Paris à 3 mois.	PRIX d'Espagne sur Londres à 3 mois.	CHANGE de Paris sur Londres à 3 mois.	PRIX de revient de la piastre à Paris à 3 mois.
47^{d} la $	$25^{f}.20$	= $4^{f}.93.^{500}$	$48^{d}.15$ ×	$25^{f}.20$	= $5^{f}.05.^{575}$
05	»	= $4.94.^{025}$	20	»	= $5.06.^{100}$
10	»	= $4.94.^{550}$	25	»	= $5.06.^{625}$
15	»	= $4.95.^{075}$	30	»	= $5.07.^{150}$
20	»	= $4.95.^{600}$	35	»	= $5.07.^{675}$
25	»	= $4.96.^{125}$	40	»	= $5.08.^{200}$
30	»	= $4.96.^{650}$	45	»	= $5.08.^{725}$
35	»	= $4.97.^{175}$	50	»	= $5.09.^{250}$
40	»	= $4.97.^{700}$	55	»	= $5.09.^{775}$
45	»	= $4.98.^{225}$	60	»	= $5.10.^{300}$
50	»	= $4.98.^{750}$	65	»	= $5.10.^{825}$
55	»	= $4.99.^{275}$	70	»	= $5.11.^{350}$
60	»	= $4.99.^{800}$	75	»	= $5.11.^{875}$
65	»	= $5.00.^{325}$	80	»	= $5.12.^{400}$
70	»	= $5.00.^{850}$	85	»	= $5.12.^{925}$
75	»	= $5.01.^{375}$	90	»	= $5.13.^{450}$
80	»	= $5.01.^{900}$	95	»	= $5.13.^{975}$
85	»	= $5.02.^{425}$	49.00	»	= $5.14.^{500}$
90	»	= $5.02.^{950}$	05	»	= $5.15.^{025}$
95	»	= $5.03.^{475}$	10	»	= $5.15.^{550}$
48.00	»	= 5.04	15	»	= $5.16.^{075}$
05	»	= $5.04.^{525}$	20	»	= $5.16.^{600}$
10	»	= $5.05.^{050}$	25	»	= $5.17.^{125}$

PRIX d'Espagne sur Londres à 3 mois.	CHANGE de Paris sur Londres à 3 mois.	PRIX de revient de la piastre à Paris à 3 mois.	PRIX d'Espagne sur Londres à 3 mois.	CHANGE de Paris sur Londres à 3 mois.	PRIX de revient de la piastre à Paris à 3 mois.
$49^{d}.50$	$\times\ 25^{f}.20$	$= 5^{f}.17.^{650}$	$50^{d}.75$	$\times\ 25^{f}.20$	$= 5^{f}.32.^{875}$
35	»	$= 5.18.^{175}$	80	»	$= 5.33.^{400}$
40	»	$= 5.18.^{700}$	85	»	$= 5.33.^{925}$
45	»	$= 5.19.^{225}$	90	»	$= 5.34.^{450}$
50	»	$= 5.19.^{750}$	95	»	$= 5.34.^{975}$
55	»	$= 5.20.^{275}$	51.00 [1]	»	$= 5.35.^{500}$
60	»	$= 5.20.^{800}$	05	»	$= 5.36.^{025}$
65	»	$= 5.21.^{325}$	10	»	$= 5.36.^{550}$
70	»	$= 5.21.^{850}$	15	»	$= 5.37.^{075}$
75	»	$= 5.22.^{375}$	20	»	$= 5.37.^{600}$
80	»	$= 5.22.^{900}$	25	»	$= 5.38.^{125}$
85	»	$= 5.23.^{425}$	30	»	$= 5.38.^{650}$
90	»	$= 5.23.^{950}$	35	»	$= 5.39.^{175}$
95	»	$= 5.24.^{475}$	40	»	$= 5.39.^{700}$
50.00	»	$= 5.25$	45	»	$= 5.40.^{225}$
05	»	$= 5.25.^{525}$	50	»	$= 5.40.^{750}$
10	»	$= 5.26.^{050}$	55	»	$= 5.41.^{275}$
15	»	$= 5.26.^{575}$	60	»	$= 5.41.^{800}$
20	»	$= 5.27.^{100}$	65	»	$= 5.42.^{325}$
25	»	$= 5.27.^{625}$	70	»	$= 5.42.^{850}$
30	»	$= 5.28.^{150}$	75	»	$= 5.43.^{375}$
35	»	$= 5.28.^{675}$	80	»	$= 5.43.^{900}$
40	»	$= 5.29.^{200}$	85	»	$= 5.44.^{425}$
45	»	$= 5.29.^{725}$	90	»	$= 5.44.^{950}$
50	»	$= 5.30.^{250}$	95	»	$= 5.45.^{475}$
55	»	$= 5.30.^{775}$	52.00	»	$= 5.46$
60	»	$= 5.31.^{300}$	05	»	$= 5.46.^{525}$
65	»	$= 5.31.^{825}$	10	»	$= 5.47.^{050}$
70	»	$= 5.32.^{350}$	15	»	$= 5.47.^{575}$

[1] La piastre arrive rarement à 51 deniers. Si donc je continue ce tableau, c'est pour l'appliquer aux réis du Portugal.

PRIX d'Espagne sur Londres à 3 mois.	CHANGE de Paris sur Londres à 3 mois.	PRIX de revient de la piastre à Paris à 3 mois.	PRIX d'Espagne sur Londres à 3 mois.	CHANGE de Paris sur Londres à 3 mois.	PRIX de revient de la piastre à Paris à 3 mois.
$52^d.20$ ×	$25^f.20$ =	$5^f.48.^{100}$	$53^d.45$ ×	$25^f.20$ =	$5^f.61.^{225}$
25	»	= $5.48.^{625}$	50	»	= $5.61.^{750}$
30	»	= $5.49.^{150}$	55	»	= $5.62.^{275}$
35	»	= $5.49.^{675}$	60	»	= $5.62.^{800}$
40	»	= $5.50.^{200}$	65	»	= $5.63.^{325}$
45	»	= $5.50.^{725}$	70	»	= $5.63.^{850}$
50	»	= $5.51.^{250}$	75	»	= $5.64.^{375}$
55	»	= $5.51.^{775}$	80	»	= $5.64.^{900}$
60	»	= $5.52.^{300}$	85	»	= $5.65.^{425}$
65	»	= $5.52.^{825}$	90	»	= $5.65.^{950}$
70	»	= $5.53.^{350}$	95	»	= $5.66.^{475}$
75	»	= $5.53.^{875}$	54.00	»	= 5.67
80	»	= $5.54.^{400}$	05	»	= $5.67.^{525}$
85	»	= $5.54.^{925}$	10	»	= $5.68.^{050}$
90	»	= $5.55.^{450}$	15	»	= $5.68.^{575}$
95	»	= $5.55.^{975}$	20	»	= $5.69.^{100}$
53.00	»	= $5.56.^{500}$	25	»	= $5.69.^{625}$
05	»	= $5.57.^{025}$	30	»	= $5.70.^{150}$
10	»	= $5.57.^{550}$	35	»	= $5.70.^{675}$
15	»	= $5.58.^{075}$	40	»	= $5.71.^{200}$
20	»	= $5.58.^{600}$	45	»	= $5.71.^{725}$
25	»	= $5.59.^{125}$	50	»	= $5.72.^{250}$
30	»	= $5.59.^{650}$	55	»	= $5.72.^{775}$
35	»	= $5.60.^{175}$	60	»	= $5.73.^{300}$
40	»	= 5.60.[illegible]			

Manière de se servir du tableau précédent et de l'appliquer à tous les cours du papier sur Londres.

Le change sur Londres pouvant varier chaque jour, et quelquefois d'une manière sensible, je vais indiquer les bases sur lesquelles on doit s'appuyer pour faire promptement une opération et en trouver la solution.

C'est sur le pied de $25^{f}.20$ qu'est fait le tableau précédent ; mais, le change pouvant être $25^{f}.18$, $25^{f}.17$, $25^{f}.14$, comment faire pour éviter de faire un nouveau calcul?

En voici le moyen :

1^{c} s/ la £ = 1/24 plus une fraction qu'on néglige, soit 1/3 de 1/8.

Or le 1/8 s/ le prix de la $, $5^{f}.10$, par exemple, est de $0^{c}.63$, le 1/3 sera de. . . . . $0,00^{c}.21$

2^{c} s/ la £ = 1/12 ou le double de 1^{c} s/ 1 £, soit s/ $5^{f}.10$ $0,00^{c}.42$

3^{c} s/ la £ = 1/8 ou le triple de 1^{c} s/ 1 £, soit s/ $5^{f}.10$ $0,00^{c}.63$

4^{c} s/ la £ = 1/6 ou le quadruple de 1^{c} s/ 1 £, soit s/ $5^{f}.10$ $0,00^{c}.84$

5^{c} s/ la £ = 1/5 ou le quintuple de 1^{c} s/ 1 £, soit s/ $5^{f}.10$ $0,01^{c}.05$

6^{c} s/ la £ = 1/4 ou le sextuple de 1^{c} s/ 1 £, soit s/ $5^{f}.10$ $0,01^{c}.27$

et ainsi de suite.

Supposons le change de 49 deniers pour 1 piastre et le prix de la livre sterling à Paris $25^{f}.14$.

Sur le tableau, 49 deniers à $25^{f}.20$ donnent. . . . . . $5^{f}.14.^{30}$

Mais, le change ci-dessus étant de $25^{f}.14$, il y a à déduire 6 centimes, ou le 1/4 pour °/₀, sur $5^{f}.14$, coût de la piastre, soit. . . . . $.01.^{08}$

Différence . . . . $5^{f}.13.^{22}$

Donc 49 deniers la piastre à $25^{f}.14$ = $5^{f}.13^{c}.^{22}$.

Supposons encore le change de $49^d.50$ pour une piastre et le prix de la livre sterling à Paris $25^f.17$.

Dans le tableau précédent, $49^d.50$ à $25^f.20$ donnent.	$5^f.19.^{75}$
Mais, le change ci-dessus étant à $25^f.17$, il faut déduire 3 centimes, ou 1/8 %, sur $5^f.19$, coût de la piastre.	$0.00.^{65}$
Différence	$5^f.19.^{10}$

Donc $49^d.50$ la piastre à $25^f.17 = 5^f.19.^{10}$.

En procédant ainsi, on peut donc trouver facilement et assez vite le résultat que l'on cherche.

Maintenant, *il y a toujours à retrancher de ce résultat* les intérêts des jours à courir sur les effets, au taux du jour, plus la commission du correspondant et le courtage.

Au bout de quatre ou cinq jours d'exercice, on fait ces opérations très-couramment, et si on est assez expéditif dans ses calculs pour n'avoir pas besoin de recourir au tableau, il sera toujours bon d'y jeter un coup d'œil pour savoir si on est d'accord sur le résultat ou si on a fait une erreur; car *un prix de revient sur lequel on base souvent une grosse affaire doit toujours être exact*, si l'on veut éviter des mécomptes.

C'est une chose très-importante et à laquelle on doit apporter le plus grand soin. *C'est surtout comme contrôle que je recommande le tableau des calculs faits.*

Moyen d'abréger quelques calculs.

A propos de ces réductions de livres, comme 240 deniers servent de diviseur, je vais indiquer un moyen d'obtenir le résultat demandé sans faire de division.

Pour diviser 10245867 par 240, voici tous les chiffres qu'il faut poser par les moyens ordinaires :

```
10245867 | 240
  645    |__________
  1658      42691.11
   2186
    267
     270
      300
       60
```

Tandis qu'on peut obtenir le même résultat par le mode suivant :

Soit 10245867.

On prend d'abord le 1/4 %.	25614.66
Puis le 1/6 %	17076.44
Additionnés ensemble. .	42691.10

Résultat identique.

De même, quand on doit multiplier une somme par 5f.25, 5f.45 ou 5f.60, on peut éviter de faire l'ensemble de la multiplication.

Somme à multiplier.	458252
Par	5,25
	22911,60
	91646,4
	2291160
Système ordinaire. . .	2405718,00

Moyen plus abrégé et pouvant servir de contrôle.

A multiplier.	458252
Par.	5
	2291160
25c par rapport à 5f étant 5 %, je prends 5 % sur 2291160. . .	114558,00
J'additionne.	2405718,00

Même produit que ci-dessus.

CHANGES D'ESPAGNE SUR LA HOLLANDE.

La piastre valant à Malaga 2^{fl}.42 à 3 mois, et le florin à Paris 2^{f}.09 et courtage, à quel prix ressort la piastre?

RÈGLE DE TROIS.

$$100^{fl} : 2^{fl}.42 :: 2^{f}.09 : x.$$

On multiplie 2,09 par 2,42, ce qui donne 505.78.

On divise ce produit par 100, en reculant la virgule de deux chiffres. Le résultat est. . . . . 5^{f}.05^{c}.78

Moins 1/8 % de courtage. . . .	0.00.63	1^{c}.88
» 1/4 % de commission . .	0.01.25	
		5^{f}.05^{c}.90

Ainsi, la piastre ressort à 5^{f}.05^{c}.^{90} net.

Manière de réduire les florins en réaux.

Soit 4200 florins à réduire en réaux, au change de $2^{fl}.44$ la piastre.

RÈGLE DE TROIS.

$$2^{fl}.44 : 4200^{fl} :: 20^{r} : x.$$

On multiplie florins	4200
Par réaux	20
	84000

On divise ces 84000 par $2^{fl}.44$.

84000,00	2,44
1080	34426.22
1040	
640	
1520	
560	
720	
232	

Les 4200 florins vaudront 34426.22 réaux

Manière de réduire les réaux en florins.

Soit 8400 réaux à réduire en florins, au change de 2^{fl}.45.

RÈGLE DE TROIS.

$$20^r : 8400^r :: 2^{fl}.45 : x.$$

On multiplie 8400 par 2,45, ce qui donne 20580, et on divise ces 20580 par 20.

```
20580 | 20
 58   |------
 180    1029
  00
```

8400 réaux vaudront 1029 florins.

CHANGES D'ESPAGNE SUR HAMBOURG.

Le marc banco valant à Barcelone 45^{sh} la piastre à 3 mois, et à Paris $1^{f}.85$ et courtage, à quel prix ressort la piastre?

FORMULE.

$$x = 1^{p}$$
$$1^{p} = 45^{sh}$$
$$16^{sh} = 1^{mb}$$
$$100^{mb} = 185^{f}.$$

On multiplie 185 par 45, ce qui donne 8325.
On multiplie 16 par 100, ce qui donne 1600.

On divise 8325 par 1600 et on obtient.		$5^{f}.20^{c}.^{31}$
Moins courtage 1/8 %.	$0,00.^{65}$	$1^{c}.^{95}$
» commission 1/4 %.	$0,01.^{30}$	
		$5^{f}.18^{c}.^{36}$

Prix de revient net $5^{f}.18^{c}.^{36}$ la piastre.

Manière de réduire les marcs de banque en réaux.

Soit 5000 marcs à réduire en réaux à 45^{sh} la piastre.

RÈGLE DE TROIS.

$$45^{sh} : 16^{sh} :: 5000^{mb} : x.$$

On multiplie 5000 marcs par 16^{sh}, ce qui donne 48000.
On divise 48000 par 45^{sh}, ce qui donne $1066^{p}.66$.
Ces $1066^{p}.66$, multipliés par 20 réaux, donnent $21333^{r}.20^{c}$.
Donc 5000 marcs valent $21333^{r}.20^{c}$.

Manière de réduire les réaux en marcs de banque.

Soit 12000 réaux à réduire en marcs de banque à 44^{sh} la piastre.

FORMULE.

$$x = 12000^{r}$$
$$20^{r} = 45^{sh}$$
$$16^{sh} = 1^{mb}.$$

On multiplie 12000 réaux par 45^{sh}, ce qui donne 540000.
On multiplie 20 réaux par 16^{sh}, ce qui donne 320.

Puis on divise 540000 | par 320

```
540000 | par 320
2200   |--------
 2800  | 1687,8
  2400
   160
    16
  -----
   960
  160
  2560
  -----
   000
```

Donc 12000 réaux valent $1687^{mb},8^{sb}$.

CHANGES D'ESPAGNE SUR LISBONNE.

Les 1000 rèis valant à Séville 950 rèis pour une piastre et à Paris $5^{f}.50$ à 3 mois, moins courtage, à quel prix ressort la piastre?

FORMULE.

$$x = 950 \text{ rèis}$$
$$1000^{r} = 5^{f}.50.$$

On multiplie 950 rèis par $5^{f}.50$, ce qui donne 5225,00.
On divise 5225,00 par 1000 rèis, ce qui donne $5^{f}.22^{c}.^{50}$.

De ce montant.		$5^{f}.22^{c}.^{50}$
On retranche		
1° Courtage 1/8 °/₀₀.	$0.00.^{65}$	$01^{c}.^{95}$
2° Commission 1/4 °/₀	$0.01.^{30}$	
		$5^{f}.20^{c}.^{55}$

Résultat net, $5^{f}.20.^{55}$ la piastre.

Manière de réduire les réis en réaux.

Soit 2000,000 de réis à réduire en réaux au change de 960 réis pour une piastre de 20 réaux.

RÈGLE DE TROIS.

960 réis : 2000,000 réis :: 20 réaux : x.

On multiplie 2000,000 réis par 20 réaux, ce qui donne 40000,000.

```
On divise  40000,000 | par 960
            1600     |___________
             6400        41666,67
              6400
               6400
                6400
                 6400
```

Résultat : 2000,000 de réis valent 41666r.67c.

Manière de réduire les réaux en réis.

Soit 41666r.67 à réduire en réis, au change de 960 réis pour 1 piastre.

RÈGLE DE TROIS.

$$20^{f} : 41666^{f}.67 :: 960 \text{ réis} : x.$$

On multiplie 41666,67 par 960, ce qui donne 40000003,20.

On divise 40000003,20 | par 20
00000003 | 2,000,000

Résultat : 41666^{f}.67 valent 2000,000 de réis.

RÉFLEXIONS GÉNÉRALES

La France, l'Espagne, l'Italie, la Suisse, la Belgique et la Hollande ont adopté le système décimal depuis quelques années.

Tandis que l'Angleterre, l'Allemagne et la Prusse, trois pays des plus instruits, et qui par conséquent auraient dû donner l'exemple du progrès, restent rivés à leurs vieilles habitudes du moyen âge.

Et voyez la logique !

Les Anglais, qui disent que le temps est de l'argent, perdent un temps infini à entasser chiffres sur chiffres dans des opérations qui n'en demandent pas la moitié et quelquefois le quart.

D'un autre côté, les Allemands, qui sont peut-être les premiers calculateurs du monde, sans qu'ils en aient l'air, se complaisent dans leurs interminables subdivisions de silbergross, de pfennings et de kreutzers.

Il ne faut pas dire, comme on le dit communément, que c'est l'orgueil national qui soit le vrai obstacle à l'adoption d'une marche aussi simple que celle du système décimal ; non, c'est la routine, cette routine qui, pareille à l'ancienne lèpre, est très-difficile à faire disparaître.

En quoi et comment l'orgueil national de ces trois peuples serait-il blessé, parce que les *livres sterling*, les *thalers*, les *florins* se subdiviseraient en millièmes ou dix-millièmes?

Ils conserveraient leur type actuel, que personne ne leur demande de changer.

Les livres sterling, les thalers, les florins, subdivisés en millièmes ou dix-millièmes et ne changeant pas de dénomination, resteraient, comme par le passé, la monnaie du pays.

On le voit, l'orgueil national n'y est pour rien. Ce n'est pas lui qui fait échec au système décimal; c'est la routine seule.

Il ne serait pas bien difficile d'établir une monnaie d'or équivalant à 5, 10 et 25 francs et portant le nom d'une monnaie de chaque pays.

C'est donc l'initiative qui manque et pas autre chose. Mais il ne faut pas désespérer de voir le grand courant du jour dominer les esprits et les ramener à la pratique du simple et du raisonnable.

Dès que les vieux errements seront abandonnés, on verra ceux qui paraissent les plus récalcitrants applaudir à ce changement et rendre hommage à la simplicité du système décimal. Ainsi va le monde. C'est peut-être une nécessité que cette lenteur pour assurer à jamais un progrès acquis après des années d'attente et d'expérience.

FONDS ESPAGNOLS

INTÉRIEUR, EXTÉRIEUR ET DIFFÉRÉ

Moyen de les réduire en francs, en livres sterling ou en florins

COMME AUSSI

De réduire les livres sterling, les francs et les florins en piastres.

ARBITRAGES

TABLEAU DE CALCULS TOUT FAITS.

5

PARIS.

Calculs de l'Intérieur et de l'Extérieur.

Pour convertir les *fonds espagnols* en francs, le change *invariable* est de 5f.40c la piastre, soit pour l'Intérieur, soit pour l'Extérieur.

Réduire en francs 10000 piastres Intérieur ou Extérieur à 33.

FORMULE.

$$x = 10000^{p}$$
$$100^{p} = 33$$
$$1^{p} = 5^{f}.40^{c}$$

On multiplie 10000 piastres par 33, ce qui donne 330000.
On multiplie 330000 par 5f.40, ce qui donne 1782000.
On divise 1782000 par 100, en retranchant les deux derniers chiffres, et on a

17820 francs, représentant 10000 piastres.

Manière de trouver le capital d'une rente quelconque.

Soit 300 piastres rente Intérieure ou Extérieure. Quel en est le capital nominal?

RÈGLE DE TROIS.

$$3^p : 300^p :: 100 : x.$$

$$300 \times 100 = 30000.$$

Ces 30000 divisés par 3 = 10000 piastres.

Donc	300^p rente équivalent à	10000^p capital nominal.
	600 »	20000 »
	1200 »	40000 »
	1500 »	50000 »
	3000 »	100000 »

Manière de trouver la rente d'un capital quelconque.

Soit 24000 piastres capital nominal Intérieur ou Extérieur. Quelle en est la rente?

RÈGLE DE TROIS.

$$100^p : 24000^p :: 3 : x.$$

$$24000 \times 3 = 72000.$$

Ces 72000 divisés par 100 = 720 piastres.

Donc 24000 piastres capital nominal = 720 piastres de rente.

Toutes les opérations de Bourse à terme se font à Paris par 300 piastres de rente et ses multiples, soit sur l'Intérieur, soit sur l'Extérieur.

Pour ce qui est de la Différée, on n'en fait qu'au comptant.

Le coupon de l'*Extérieur* est toujours payable à Paris, *au change fixe* de 5f.40 par piastre.

Quant à celui de l'*Intérieur*, qui n'est payable qu'à Madrid, il y a deux manières :

1° Celle de le négocier au cours approximatif du papier sur Madrid, soit 5f.01, 5f.05, 5f la piastre, moins 5 % pour l'impôt établi en Espagne sur le 3 % Intérieur ;

2° Celle de déposer les coupons à la commission d'Espagne, rue Pigalle, n° 17, où l'on délivre des traites, à 30 jours de vue, payables à Madrid, et puis on les négocie au cours du jour, l'impôt de 5 % ayant été retenu à la commission.

Le courtage est fixé à Paris à 25 francs par 300 piastres de rente ou 10000 piastres capital nominal.

PARIS ET MADRID.

Manière de savoir ce que vaut le 3 % Intérieur ou Extérieur à Paris, lorsque le cours de Madrid est à un prix quelconque.

Soit 34, prix de l'Intérieur à Madrid ; le change à Paris étant de 5f.10 la piastre à vue, quelle en est la parité ?

RÈGLE DE TROIS.

$$5^{f}.40 : 5^{f}.10 :: 34 : x.$$

On multiplie 5.10 par 34, ce qui donne 173,40.
On divise 173,40 par 5f.40, ce qui donne 32.11.
Donc 34 à Madrid équivaut à 32,11 à Paris.
Pour tous les cours, et quel qu'en soit le change, il n'y a qu'à suivre la même marche et à opérer de même.

PARIS ET BARCELONE.

Soit 36, prix de l'Extérieur à Barcelone; le change à Paris étant à $5^f.15$ la piastre à vue, quelle en est la parité à Paris?

RÈGLE DE TROIS.

$$5^f.40 : 5^f.15 :: 36 : x.$$

On multiplie $5^f.15$ par 36, ce qui donne 18540.
On divise 18540 par $5^f.40$, ce qui donne 34.33.
Donc 36.00, à Barcelone, équivaut à 34.33 à Paris.

Pour l'Intérieur, on opère de même.

PARIS ET LONDRES.

A Londres, le change invariable est de 51 deniers par piastre.

Manière de connaître la parité des prix de Londres.

Soit l'Extérieur coté à Londres à 54 et le change à Paris à 25f.20 à vue par livre, quelle en est la parité à Paris?

FORMULE.

$$x = 54^{p}$$
$$1^{p} = 51^{d}$$
$$240^{d} = 25^{f}.20$$
$$5^{f}.40 = 1^{p}.$$

On multiplie 54 par 51, ce qui donne 1734.
On multiplie 1734 par 25.20, ce qui donne 43696,80.
On multiplie 240 deniers par 5f.40, ce qui donne 1296.
Enfin, on divise 43696,80 par 1296, ce qui donne 33.72.

Donc 54 à Londres équivaut à 33.72 à Paris.

Manière de réduire les piastres Extérieur en livres sterling.

Soit 10000 piastres Extérieur ou Intérieur capital nominal à réduire en livres sterling.

FORMULE.

$$x = 10000^{p}$$
$$1^{p} = 51^{d}$$
$$240^{d} = 1\ £$$

On multiplie 10000 piastres par 51 deniers, ce qui donne 510000.
On divise 510000 par 240 deniers, ce qui donne 2125.

Donc	2125 £	=	10000ᵖ capital nominal.
	4250	=	20000 »
	6375	=	30000 »
	8500	=	40000 »
	10625	=	50000 »
	21250	=	100000 »

et ainsi de suite.

Manière de convertir les livres sterling en piastres d'Intérieur ou d'Extérieur.

Soit 4250 livres Extérieur à réduire en piastres.

FORMULE.

$$x = 4250\ £$$
$$1\ £ = 240^{d}$$
$$51^{d} = 1^{p}$$

On multiplie 4250 livres par 240 deniers, ce qui donne 1020000.
On divise 1020000 par 51 deniers, ce qui donne 20000 piastres.

Donc	4250 £	=	20000P
	8500	=	40000
	17000	=	80000
	21250	=	100000

et ainsi de suite.

PARIS ET AMSTERDAM.

Manière de ramener les prix d'Amsterdam à ceux de Paris.

A Amsterdam, 1 piastre égale toujours $2^{fl}.50$.

L'Extérieur étant coté à Amsterdam à 34 et le change à Paris étant à 210 francs par 100 florins à vue, quelle en est la parité à Paris?

FORMULE.

$$x = 34^{p}$$
$$1^{p} = 2^{fl}.50$$
$$100^{fl} = 210^{f}$$
$$5^{f}.40 = 1^{p}.$$

On multiplie 34 piastres par $2^{fl}.50$, ce qui donne 85.
On multiplie 85 par 210 francs, ce qui donne 17850.
On multiplie 100 par $5^{f}.40$, ce qui donne 540.
Enfin, on divise 17850 par 540, ce qui donne 33.55.
Résultat : 34 à Amsterdam = 33.55 à Paris.

Mais à Amsterdam les intérêts se calculent à part du prix; il faut donc ajouter à 33.55 les intérêts courus depuis le dernier semestre.

Supposons que nous soyons au 15 décembre ; du 30 juin dernier au 15 décembre, il y a 5 mois et demi ; or 3 % l'an représentent 0f.25c par mois ; en multipliant 0f.25c

par 5 mois et demi
on obtient 1f.37 1/2 pour intérêts échus.

On ajoute ces 1.37 1/2 au cours de 33.55, ce qui donne 34.72 1/2.

Donc le cours de 34 à Amsterdam équivaut à celui de 34.72 1/2 à Paris.

On calcule de même pour l'Intérieur.

Quant à la Différée, le procédé est identique ; seulement, cette valeur donnant cette année 2 3/4 % l'an, c'est sur cette base que l'on ajoute les intérêts courus depuis le dernier semestre.

Modèle de compte de vente à Amsterdam.

15 décembre, vendu 10000 piastres Intérieur à 31.

10000 piastres à 2fl.50 = 25000 florins à 31 =	7750fl.00
Intérêts 5 mois 15 jours à 3 % sur 25000 fl. =	343 .75
	8093 .75
Commission et courtage 1/8 % sur 25000 fl.	31 .25
Net	8062 .50

10000 piastres à 31 représentent donc 8062fl.50.

Le change étant à Amsterdam à 56 7/8 à vue, que produiront ces 8062fl.50 ?

56 florins 7/8 = 120 francs, change invariable.

FORMULE.

$$\begin{aligned} x &= 8062^{fl}.50 \\ 56^{fl}\ 7/8 &= 120^{f}. \end{aligned}$$

Ou bien

RÈGLE DE TROIS.

$$56^{fl}\ 7/8 : 8062^{fl}.50 :: 120^{f} : x.$$

$$8062^{fl}.50 \times 120 = 907500$$
$$907500 \div 56\ 7/8 = 17010^{f}.98.$$

Résultat : 8062fl.50 à 56 7/8 = 17010f.98.

S'il y a un courtage à déduire, il est de 1/10 %.

Pour réduire les piastres de l'Intérieur ou de l'Extérieur en florins, il suffit de multiplier la quantité à réduire par 2fl.50.

$$\begin{aligned} 10000^{p} \times 2^{fl}.50 &= 25000 \text{ florins} \\ 20000 \times 2\ .50 &= 50000 \\ 30000 \times 2\ .50 &= 75000 \\ 40000 \times 2\ .50 &= 100000 \\ 50000 \times 2\ .50 &= 125000 \end{aligned}$$

et ainsi de suite.

Pour réduire les florins en piastres d'Intérieur ou Extérieur, il suffit de diviser la quantité à réduire par $2^{fl}.50$.

$$25000^{fl} \div 2^{fl}.50 = 10000 \text{ piastres.}$$
$$50000 \quad \div 2 \ .50 = 20000$$

et ainsi de suite.

TABLEAU

de calculs faits sur l'Intérieur et l'Extérieur.

Tous ces calculs sont faits sur 300 piastres de rente ou 10000 piastres capital nominal ; de sorte que si l'on a à chercher le montant de 600 piastres de rente, il n'y a qu'à doubler la somme ; s'il y a 1500 piastres, à quintupler, et s'il y a 3000 piastres de rente, à décupler.

De même, si on n'avait que 150 piastres de rente à calculer, il n'y aurait qu'à prendre la moitié du produit de 300 piastres.

Je vais prendre mon point de départ dans des prix tellement bas qu'on ne les voit qu'en temps de forte crise, pour terminer à un cours très-élevé, c'est-à-dire comme on en voit peu souvent sur une cote.

Calculs faits sur 300 $ de rente ou 10000 $ capital nominal.

300 $ à 20		=	10800f	300 $ à 20	13/16	=	11238f 75
»	1/16	=	10833 75	»	7/8	=	11272 50
»	1/8	=	10867 50	»	15/16	=	11306 25
»	3/16	=	10901 25	» 21		=	11340
»	1/4	=	10935	»	1/16	=	11373 75
»	5/16	=	10968 75	»	1/8	=	11407 50
»	3/8	=	11002 50	»	3/16	=	11441 25
»	7/16	=	11036 25	»	1/4	=	11475
»	1/2	=	11070	»	5/16	=	11508 75
»	9/16	=	11103 75	»	3/8	=	11542 50
»	5/8	=	11137 50	»	7/16	=	11576 25
»	11/16	=	11171 25	»	1/2	=	11610
»	3/4	=	11205	»	9/16	=	11643 75

Calculs faits sur 300 $ de rente ou 10000 $ capital nominal.

— SUITE —

300 $ à 21	5/8	= 11677f	50	300 $ à 23	1/2	= 12690f	
»	11/16	= 11711	25	»	9/16	= 12723	75
»	3/4	= 11745		»	5/8	= 12757	50
»	13/16	= 11778	75	»	11/16	= 12791	25
»	7/8	= 11812	50	»	3/4	= 12825	
»	15/16	= 11846	25	»	13/16	= 12858	75
» 22		= 11880		»	7/8	= 12892	50
»	1/16	= 11913	75	»	15/16	= 12926	25
»	1/8	= 11947	50	» 24		= 12960	
»	3/16	= 11981	25	»	1/16	= 12993	75
»	1/4	= 12015		»	1/8	= 13027	50
»	5/16	= 12048	75	»	3/16	= 13061	25
»	3/8	= 12082	50	»	1/4	= 13095	
»	7/16	= 12116	25	»	5/16	= 13128	75
»	1/2	= 12150		»	3/8	= 13162	50
»	9/16	= 12183	75	»	7/16	= 13196	25
»	5/8	= 12217	50	»	1/2	= 13230	
»	11/16	= 12251	25	»	9/16	= 13263	75
»	3/4	= 12285		»	5/8	= 13297	50
»	13/16	= 12318	75	»	11/16	= 13331	25
»	7/8	= 12352	50	»	3/4	= 13365	
»	15/16	= 12386	25	»	13/16	= 13398	75
» 23		= 12420		»	7/8	= 13432	50
»	1/16	= 12453	75	»	15/16	= 13466	25
»	1/8	= 12487	50	» 25		= 13500	
»	3/16	= 12521	25	»	1/16	= 13533	75
»	1/4	= 12555		»	1/8	= 13567	50
»	5/16	= 12588	75	»	3/16	= 13601	25
»	3/8	= 12622	50	»	1/4	= 13635	
»	7/16	= 12656	25	»	5/16	= 13668	75

Calculs faits sur 300 $ de rente ou 10000 $ capital nominal.

— SUITE —

300 $ à 25 3/8	= 13702f 50	300 $ à 27 1/4	= 14715f
» 7/16	= 13736 25	» 5/16	= 14748 75
» 1/2	= 13770	» 3/8	= 14782 50
» 9/16	= 13803 75	» 7/16	= 14816 25
» 5/8	= 13837 50	» 1/2	= 14850
» 11/16	= 13871 25	» 9/16	= 14883 75
» 3/4	= 13905	» 5/8	= 14917 50
» 13/16	= 13938 75	» 11/16	= 14951 25
» 7/8	= 13972 50	» 3/4	= 14985
» 15/16	= 14006 25	» 13/16	= 15018 75
» 26	= 14040	» 7/8	= 15052 50
» 1/16	= 14073 75	» 15/16	= 15086 25
» 1/8	= 14107 50	» 28	= 15120
» 3/16	= 14141 25	» 1/16	= 15153 75
» 1/4	= 14175	» 1/8	= 15187 50
» 5/16	= 14208 75	» 3/16	= 15221 25
» 3/8	= 14242 50	» 1/4	= 15255
» 7/16	= 14276 25	» 5/16	= 15288 75
» 1/2	= 14310	» 3/8	= 15322 50
» 9/16	= 14343 75	» 7/16	= 15356 25
» 5/8	= 14377 50	» 1/2	= 15390
» 11/16	= 14411 25	» 9/16	= 15423 75
» 3/4	= 14445	» 5/8	= 15457 50
» 13/16	= 14478 75	» 11/16	= 15491 25
» 7/8	= 14512 50	» 3/4	= 15525
» 15/16	= 14546 25	» 13/16	= 15558 75
» 27	= 14580	» 7/8	= 15592 50
» 1/16	= 14613 75	» 15/16	= 15626 25
» 1/8	= 14647 50	» 29	= 15660
» 3/16	= 14681 25	» 1/16	= 15693 75

Calculs faits sur 300 $ de rente ou 10000 $ capital nominal.

— SUITE —

300 $ à 29	1/8	= 15727f 50	300 $ à 31		= 16740f
»	3/16	= 15761 25	»	1/16	= 16773 75
»	1/4	= 15795	»	1/8	= 16807 50
»	5/16	= 15828 75	»	3/16	= 16841 25
»	3/8	= 15862 50	»	1/4	= 16875
»	7/16	= 15896 25	»	5/16	= 16908 75
»	1/2	= 15930	»	3/8	= 16942 50
»	9/16	= 15963 75	»	7/16	= 16976 25
»	5/8	= 15997 50	»	1/2	= 17010
»	11/16	= 16031 25	»	9/16	= 17043 75
»	3/4	= 16065	»	5/8	= 17077 50
»	13/16	= 16098 75	»	11/16	= 17111 25
»	7/8	= 16132 50	»	3/4	= 17145
»	15/16	= 16166 25	»	13/16	= 17178 75
» 30		= 16200	»	7/8	= 17212 50
»	1/16	= 16233 75	»	15/16	= 17246 25
»	1/8	= 16267 50	» 32		= 17280
»	3/16	= 16301 25	»	1/16	= 17313 75
»	1/4	= 16335	»	1/8	= 17347 50
»	5/16	= 16368 75	»	3/16	= 17381 25
»	3/8	= 16402 50	»	1/4	= 17415
»	7/16	= 16436 25	»	5/16	= 17448 75
»	1/2	= 16470	»	3/8	= 17482 50
»	9/16	= 16503 75	»	7/16	= 17516 25
»	5/8	= 16537 50	»	1/2	= 17550
»	11/16	= 16571f 25	»	9/16	= 17583 75
»	3/4	= 16605	»	5/8	= 17617 50
»	13/16	= 16638 75	»	11/16	= 17651 25
»	7/8	= 16672 50	»	3/4	= 17685
»	15/16	= 16706 25	»	13/16	= 17718 75

Calculs faits sur 300 $ de rente ou 10000 $ capital nominal.

— SUITE —

300 $ à 52 7/8	= 17755f 20		300 $ à 54 1/2	= 18765f	
» 15/16	= 17786	25	» 13/16	= 18798	75
» 53	= 17820		» 7/8	= 18832	50
» 1/16	= 17853	75	» 15/16	= 18866	25
» 1/8	= 17887	50	» 55	= 18900	
» 3/16	= 17921	25	» 1/16	= 18933	75
» 1/4	= 17955		» 1/8	= 18967	50
» 5/16	= 17988	75	» 3/16	= 19001	25
» 3/8	= 18022	50	» 1/4	= 19035	
» 7/16	= 18056	25	» 5/16	= 19068	75
» 1/2	= 18090		» 3/8	= 19102	50
» 9/16	= 18123	75	» 7/16	= 19136	25
» 5/8	= 18157	50	» 1/2	= 19170	
» 11/16	= 18191	25	» 9/16	= 19203	75
» 3/4	= 18225		» 5/8	= 19237	50
» 13/16	= 18258	75	» 11/16	= 19271	25
» 7/8	= 18292	50	» 3/4	= 19305	
» 15/16	= 18326	25	» 13/16	= 19338	75
» 54	= 18360		» 7/8	= 19372	50
» 1/16	= 18393	75	» 15/16	= 19406	25
» 1/8	= 18427	50	» 56	= 19440	
» 3/16	= 18461	25	» 1/16	= 19473	75
» 1/4	= 18495		» 1/8	= 19507	50
» 5/16	= 18528	75	» 3/16	= 19541	25
» 3/8	= 18562	50	» 1/4	= 19575	
» 7/16	= 18596	25	» 5/16	= 19608	75
» 1/2	= 18630		» 3/8	= 19642	50
» 9/16	= 18663	75	» 7/16	= 19676	25
» 5/8	= 18697	50	» 1/2	= 19710	
» 11/16	= 18731	25	» 9/16	= 19743	75

Calculs faits sur 300 $ de rente ou 10000 $ capital nominal.

— SUITE —

300 $ à 36	5/8	= 19777f	50
»	11/16	= 19811	25
»	3/4	= 19845	
»	13/16	= 19878	75
»	7/8	= 19912	50
»	15/16	= 19946	25
» 37		= 19980	
»	1/16	= 20013	75
»	1/8	= 20047	50
»	3/16	= 20081	25
»	1/4	= 20115	
»	5/16	= 20148	75
»	3/8	= 20182	50
»	7/16	= 20216	25
»	1/2	= 20250	
»	9/16	= 20283	75
»	5/8	= 20317	50
»	11/16	= 20351	25
»	3/4	= 20385	
»	13/16	= 20418	75
»	7/8	= 20452	50
»	15/16	= 20486	25
» 38		= 20520	
»	1/16	= 20553	75
»	1/8	= 20587	50
»	3/16	= 20621	25
»	1/4	= 20655	
»	5/16	= 20688	75
»	3/8	= 20722	50
»	7/16	= 20756	25
300 $ à 38	1/2	= 20790f	
»	9/16	= 20823	75
»	5/8	= 20857	50
»	11/16	= 20891	25
»	3/4	= 20925	
»	13/16	= 20958	75
»	7/8	= 20992	50
»	15/16	= 21026	25
» 39		= 21060	
»	1/16	= 21093	75
»	1/8	= 21127	50
»	3/16	= 21161	25
»	1/4	= 21195	
»	5/16	= 21228	75
»	3/8	= 21262	50
»	7/16	= 21296	25
»	1/2	= 21330	
»	9/16	= 21363	75
»	5/8	= 21397	50
»	11/16	= 21431	25
»	3/4	= 21465	
»	13/16	= 21498	75
»	7/8	= 21532	50
»	15/16	= 21566	25
» 40		= 21600	
»	1/16	= 21633	75
»	1/8	= 21667	50
»	3/16	= 21701	25
»	1/4	= 21735	
»	5/16	= 21768	75

Calculs faits sur 300 $ de rente ou 10000 $ capital nominal.

— SUITE —

300 $ à 40 3/8 = 21802f 50	300 $ à 42 1/4 = 22815f
» 7/16 = 21836 25	» 5/16 = 22848 75
» 1/2 = 21870	» 3/8 = 22882 50
» 9/16 = 21903 75	» 7/16 = 22916 25
» 5/8 = 21937 50	» 1/2 = 22950
» 11/16 = 21971 25	» 9/16 = 22983 75
» 3/4 = 22005	» 5/8 = 23017 50
» 13/16 = 22038 75	» 11/16 = 23051 25
» 7/8 = 22072 50	» 3/4 = 23085
» 15/16 = 22106 25	» 13/16 = 23118 75
» 41 = 22140	» 7/8 = 23152 50
» 1/16 = 22173 75	» 15/16 = 23186 25
» 1/8 = 22207 50	» 45 = 23220
» 3/16 = 22241 25	» 1/16 = 23253 75
» 1/4 = 22275	» 1/8 = 23287 50
» 5/16 = 22308 75	» 3/16 = 23321 25
» 3/8 = 22342 50	» 1/4 = 23355
» 7/16 = 22376 25	» 5/16 = 23388 75
» 1/2 = 22410	» 3/8 = 23422 50
» 9/16 = 22443 75	» 7/16 = 23456 25
» 5/8 = 22477 50	» 1/2 = 23490
» 11/16 = 22511 25	» 9/16 = 23523 75
» 3/4 = 22545	» 5/8 = 23557 25
» 13/16 = 22578 75	» 11/16 = 23591 25
» 7/8 = 22612 50	» 3/4 = 23625
» 15/16 = 22646 25	» 13/16 = 23658 75
» 42 = 22680	» 7/8 = 23692 50
» 1/16 = 22713 75	» 15/16 = 23726 25
» 1/8 = 22747 50	» 44 = 23760
» 3/16 = 22781 25	» 1/16 = 23793 75

Calculs faits sur 300 $ de rente ou 10000 $ capital nominal.

— SUITE —

300 $ à	44 1/8	= 23827f	50	300 $ à	46	= 24840f	
»	3/16	= 23861	25	»	1/16	= 24873	75
»	1/4	= 23895		»	1/8	= 24907	50
»	5/16	= 23928	75	»	3/16	= 24941	25
»	3/8	= 23962	50	»	1/4	= 24975	
»	7/16	= 23996	25	»	5/16	= 25008	75
»	1/2	= 24030		»	3/8	= 25042	50
»	9/16	= 24063	75	»	7/16	= 25076	25
»	5/8	= 24097	50	»	1/2	= 25110	
»	11/16	= 24131	25	»	9/16	= 25143	75
»	3/4	= 24165		»	5/8	= 25177	50
»	13/16	= 24198	75	»	11/16	= 25211	25
»	7/8	= 24232	50	»	3/4	= 25245	
»	15/16	= 24266	25	»	13/16	= 25278	75
»	45	= 24300		»	7/8	= 25312	50
»	1/16	= 24333	75	»	15/16	= 25346	25
»	1/8	= 24367	50	»	47	= 25380	
»	3/16	= 24401	25	»	1/16	= 25413	75
»	1/4	= 24435		»	1/8	= 25447	50
»	5/16	= 24468	75	»	3/16	= 25481	25
»	3/8	= 24502	50	»	1/4	= 25515	
»	7/16	= 24536	25	»	5/16	= 25548	75
»	1/2	= 24570		»	3/8	= 25582	50
»	9/16	= 24603	75	»	7/16	= 25616	25
»	5/8	= 24637	50	»	1/2	= 25650	
»	11/16	= 24671	25	»	9/16	= 25683	75
»	3/4	= 24705		»	5/8	= 25717	50
»	13/16	= 24738	75	»	11/16	= 25751	25
»	7/8	= 24772	50	»	3/4	= 25785	
»	15/16	= 24806	25	»	13/16	= 25818	75

Calculs faits sur 300 $ de rente ou 10000 $ capital nominal.

— SUITE —

300 $ à 47	7/8	=	25852f	50
»	15/16	=	25886	25
» 48		=	25920	
»	1/16	=	25953	75
»	1/8	=	25987	50
»	3/16	=	26021	25
»	1/4	=	26055	
»	5/16	=	26088	75
»	3/8	=	26122	50
»	7/16	=	26156	25
»	1/2	=	26190	
»	9/16	=	26223	75
»	5/8	=	26257	50
»	11/16	=	26291	25
»	3/4	=	26325	
»	13/16	=	26358	75
»	7/8	=	26392	50
»	15/16	=	26426	25
» 49		=	26460	
»	1/16	=	26493	75
»	1/8	=	26527	50
»	3/16	=	26561	25
»	1/4	=	26595	
»	5/16	=	26628	75
»	3/8	=	26662	50

300 $ à 49	7/16	=	26696f	25
»	1/2	=	26730	
»	9/16	=	26763	75
»	5/8	=	26797	50
»	11/16	=	26831	25
»	3/4	=	26865	
»	13/16	=	26898	75
»	7/8	=	26932	50
»	15/16	=	26966	25
» 50		=	27000	
»	1/16	=	27033	75
»	1/8	=	27067	50
»	3/16	=	27101	25
»	1/4	=	27135	
»	5/16	=	27168	75
»	3/8	=	27202	50
»	7/16	=	27236	25
»	1/2	=	27270	
»	9/16	=	27303	75
»	5/8	=	27337	50
»	11/16	=	27371	25
»	3/4	=	27405	
»	13/16	=	27438	75
»	7/8	=	27472	50
»	15/16	=	27506	25

REPORTS

SUR LES FONDS ESPAGNOLS

ET

SUR LES DOLLARS AMÉRICAINS.

Reports sur l'Intérieur et l'Extérieur espagnols.

PRIX de LA RENTE.	TAUX DU REPORT.			
	1/16 par mois.	1/8 par mois.	3/16 par mois.	1/4 par mois.
A 20.	= 3f.75 % l'an	= 7f.50 % l'an	= 11f.25 % l'an	= 15f.00 % l'an
21.	= 3.57 »	= 7.15 »	= 10.72 »	= 14.30 »
22.	= 3.41 »	= 6.82 »	= 10.23 »	= 13.64 »
23.	= 3.26 »	= 6.52 »	= 9.78 »	= 13.04 »
24.	= 3.12 1/2 »	= 6.25 »	= 9.38 »	= 12.50 »
25.	= 3 »	= 6 »	= 9 »	= 12 »
26.	= 2.88 1/2 »	= 5.77 »	= 8.65 »	= 11.54 »
27.	= 2.78 »	= 5.56 »	= 8.34 »	= 11.12 »
28.	= 2.68 »	= 5.36 »	= 8.04 »	= 10.72 »
29.	= 2.59 1/2 »	= 5.19 »	= 7.78 »	= 10.38 »
30.	= 2.50 »	= 5 »	= 7.50 »	= 10 »
31.	= 2.42 »	= 4.84 »	= 7.26 »	= 9.68 »

A 32.	= 2f.34 1/3 °/₀ l'an	= 4f.68 2/3 °/₀ l'an	= 7f.03 °/₀ l'an	= 9f.38 °/₀ l'an
33.	= 2.27 1/4 »	= 4.54 1/2 »	= 6.82 »	= 9.10 »
34.	= 2.20 1/2 »	= 4.41 »	= 6.62 »	= 8.82 »
35.	= 2.14 1/3 »	= 4.28 2/3 »	= 6.43 »	= 8.58 »
36.	= 2.08 1/3 »	= 4.16 2/3 »	= 6.25 »	= 8.34 »
37.	= 2.02 3/4 »	= 4.05 1/2 »	= 6.08 »	= 8.11 »
38.	= 1.97 1/4 »	= 3.94 1/2 »	= 5.92 »	= 7.89 »
39.	= 1.92 1/4 »	= 3.84 1/2 »	= 5.77 »	= 7.69 »
40.	= 1.87 1/2 »	= 3.75 »	= 5.62 »	= 7.50 »
41.	= 1.83 »	= 3.66 »	= 5.49 »	= 7.32 »
42.	= 1.78 1/2 »	= 3.57 »	= 5.35 »	= 7.14 »
43.	= 1.74 1/2 »	= 3.49 »	= 5.23 »	= 6.98 »
44.	= 1.70 1/2 »	= 3.40 »	= 5.10 »	= 6.80 »
45.	= 1.66 3/4 »	= 3.33 1/2 »	= 5 »	= 6.67 »
46.	= 1.63 »	= 3.26 »	= 4.89 »	= 6.52 »
47.	= 1.59 1/2 »	= 3.19 »	= 4.78 »	= 6.38 »
48.	= 1.56 1/4 »	= 3.12 1/2 »	= 4.69 »	= 6.25 »
49.	= 1.53 »	= 3.06 »	= 4.59 »	= 6.12 »
50.	= 1.50 »	= 3 »	= 4.50 »	= 6 »

Reports sur les Dollars américains.

PRIX de LA RENTE.	PRIX DU REPORT.			
	1/16 par mois.	1/8 par mois.	3/16 par mois.	1/4 par mois.
A 70.	$= 1^{f}.07.^{16}$ % l'an	$= 2^{f}.14.^{32}$ % l'an	$= 3^{f}.21.^{48}$ % l'an	$= 4^{f}.28.^{64}$ % l'an
71.	$= 1.05.^{60}$ »	$= 2.11.^{30}$ »	$= 3.16.^{90}$ »	$= 4.22.^{40}$ »
72.	$= 1.04.^{16}$ »	$= 2.08.^{32}$ »	$= 3.12.^{48}$ »	$= 4.16.^{64}$ »
73.	$= 1.02.^{72}$ »	$= 2.05.^{44}$ »	$= 3.08.^{16}$ »	$= 4.10.^{88}$ »
74.	$= 1.01.^{28}$ »	$= 2.02.^{56}$ »	$= 3.03.^{84}$ »	$= 4.05.^{12}$ »
75.	= 1 »	= 2 »	= 3 »	= 4 »
76.	$= 0.98.^{82}$ »	$= 1.97.^{64}$ »	$= 2.96.^{46}$ »	$= 3.95.^{28}$ »
77.	$= 0.97.^{38}$ »	$= 1.94.^{76}$ »	$= 2.92.^{14}$ »	$= 3.89.^{52}$ »
78.	$= 0.96.^{12}$ »	$= 1.92.^{24}$ »	$= 2.88.^{36}$ »	$= 3.84.^{48}$ »
79.	$= 0.94.^{92}$ »	$= 1.89.^{84}$ »	$= 2.84.^{30}$ »	$= 3.79.^{68}$ »
80.	$= 0.93.^{72}$ »	$= 1.87.^{44}$ »	$= 2.81.^{16}$ »	$= 3.74.^{88}$ »
81.	$= 0.92.^{58}$ »	$= 1.85.^{16}$ »	$= 2.77.^{74}$ »	$= 3.70.^{32}$ »

A 82.	= 0^{f}.91.^{34} % l'an	= 1^{f}.82.^{88} % l'an	= 2^{f}.74.^{33} % l'an	= 3^{f}.65.^{76} % l'an
83.	= 0 .90.^{36} »	= 1 .80.^{72} »	= 2 .71.^{08} »	= 3 .61.^{44} »
84.	= 0 .89.^{28} »	= 1 .78.^{58} »	= 2 .67.^{85} »	= 3 .57.^{12} »
85.	= 0 .88.^{24} »	= 1 .76.^{40} »	= 2 .64.^{60} »	= 3 .52.^{80} »
86.	= 0 .87.^{18} »	= 1 .74.^{36} »	= 2 .61.^{54} »	= 3 .48.^{72} »
87.	= 0 .86.^{16} »	= 1 .72.^{52} »	= 2 .58.^{48} »	= 3 .44.^{64} »
88.	= 0 .85.^{70} »	= 1 .70.^{40} »	= 2 .56.^{10} »	= 3 .40.^{80} »
89.	= 0 .84.^{24} »	= 1 .68.^{48} »	= 2 .52.^{72} »	= 3 .36.^{96} »
90.	= 0 .83.^{38} »	= 1 .66.^{56} »	= 2 .49.^{84} »	= 3 .33.^{12} »
91.	= 0 .82.^{38} »	= 1 .64.^{76} »	= 2 .47.^{14} »	= 3 ,29.^{58} »
92.	= 0 .81.^{54} »	= 1 .63.^{08} »	= 2 .44.^{62} »	= 3 .26.^{16} »
93.	= 0 .80.^{76} »	= 1 .61.^{38} »	= 2 .42.^{18} »	= 3 .23.^{04} »
94.	= 0 .79.^{74} »	= 1 .59.^{58} »	= 2 .39.^{22} »	= 3 .18.^{90} »
95.	= 0 .78.^{96} »	= 1 .57.^{92} »	= 2 .36.^{88} »	= 3 .15.^{84} »
96.	= 0 .78.^{12} »	= 1 .56.^{24} »	= 2 .34.^{36} »	= 3 .12.^{48} »
97.	= 0 .77.^{28} »	= 1 .54.^{86} »	= 2 .31.^{94} »	= 3 .09.^{12} »
98.	= 0 .76.^{51} »	= 1 .53.^{02} »	= 2 .29.^{53} »	= 3 .06.^{04} »
99.	= 0 .75.^{78} »	= 1 .51.^{56} »	= 2 .27.^{34} »	= 3 .03.^{12} »
100.	= 0 .75 »	= 1 .50 »	= 2 .25 »	= 3 »

Manière de se servir de ces deux tableaux de reports.

Exemples : 5/16 % par mois sur l'Extérieur à 52 représente au tableau. . . . . 7.05 % l'an.
1/4 % par mois sur les dollars à 85 représente au tableau.. . . 3.61.[44] »

*

Sur ces prix il y a ou à ajouter ou à retrancher le courtage, savoir :

A ajouter quand on se fait *reporter* ;

A diminuer quand on *reporte*.

L'emploi de ces tableaux n'offre donc aucune difficulté et peut servir à l'homme le plus inexpérimenté.

FIN.

TABLE DES MATIERES

PARIS. — IMP. SIMON RAÇON ET Cᵉ, RUE D'ERFURTH, 1.